नेह का बंधन

रमता शर्मा

INDIA · SINGAPORE · MALAYSIA

ISBN 979-8-88641-531-5

अनुक्रमणिका

"मेरी प्रीत की गहराई"

मेरी प्रीत समुद्र की असीम गहराई से गहरी

पर्वत की अनंत ऊँचाई से ऊँची

विशाल अंबर की तरह महान ना ही,

    कोई बात नही,

किन्तु तुम अमरत्त्व में मेरे सहयोगी बन

    इसे महान बनाना,

शिखर की बुलंदी तक,

    मेरे ने हके आलंबन के साथ

बढ़ते चले जाना और मैं

तुम्हारी उन्नति में ईश के

    समक्ष वंदित मुद्रा में

सहयोगिनी बन आस्था के गीत गाऊँगी

मेरी प्रीत को अंत से अनंत

दिक से दिगंज अथ से इति

सृजन से प्रलय तक अमिर व

    अटल बनाऊँगी,

नेह का बंधन

हमारी प्रीत कागज़ी इतिहास
की धरोहर ना भी हो
    कोई बात नही,
ये दिल-दिल की धड़कनों
    में बसा गीत बने
हर युगल की प्रीत का श्रृंगार बने
समाज में प्रचलित व्यवहार बने
    यह प्रीत के कर्मक्षेत्र का वो
    रथ हो, जिसकी अर्जुन
    'मैं', व कृष्ण से
    सारथि तुम बनो।

02

"खग देदो पंख मुझे"

प्रिय एक खग और एक खगी
जिनमें नेह की प्यास जगी,
    आ बैठे इक दिन अँगना में
    आसक्ति ने डाला डेरा, मदहोशी ने उनको घेरा,
करके चोंचों के आलिंगन
होने लगा फिर प्रणय मिलन
अँखियों ने कुछ था समझाया
पंखियों से इक ने बहकाया
दूजे ने दी फिर चोंच बढ़ा
साथी ने 'फिर' दिया मुख को सटा
    झकझोर गये फिर बंदन-बदन
    प्यासे-प्यासे से तन और मन
    भावों की कुछ बौछार चली
रूत ने भी जैसे रूप बदल
बरसाई बूँदे मचल-मचल
    अनंग रति का भाव नृत्य
    फिर शांत हुआ कर प्रीत के कृत्य

अखियों में खगी के लाज का भाव
खग की आँखों में थी तृप्ति
        किन्तु मुझे क्या होने लगा
        दिल बैठे-बैठे खोने लगा
साजन इस कॉमुद क्रीड़ा ने
विचलित कर डाला ये तन-मन
        फरके मेरे फिर अधर-अधर
        बाँहै तरसीं हो आलिंगन
मेरी विरहा में आग लगी,
कैसी ये मिलन की प्यास जगी
        किन्तु परदेस में तुम साजन
        कैसे शीतल हो विरह अगन
बोली खग से 'कर' अपने जोड़
'दे, दो' मुझको पर अपने छोड़
        कि मैं ही खगी सी उड़ जाऊँ
        कर पिया मिलन वापस आऊँ।

03

"मेरी तकदीर हो तुम"

ख्वाहिशों की ताबीर हो तुम
अरमानों की तस्वीर हो
भाग्य की चरम सीमा हो
पल-पल की तकदीर हो।
    मैं शून्य हूँ तुम सांख्य हो
    मैं रिक्त हूँ तुम 'पूर्ण'
    अवगुणों की खान 'मैं'
    तुम में पिया सभी 'गुण'।
नेह का बंधन कसे जो
प्रेम की जंजीर हो तुम
भाग्य की चरम सीमा हो,
पल-पल की तकदीर हो तुम।
    मैं पथिक अंजान पथ की
    मंजिलें सब तुम से है
    घबराहटे मेरी अमानत
    हौसलें सब तुमसे है।

उदित होते सूर्य जैसे
जीवन के प्राचीर हो तुम
भाग्य की चरम सीमा हो
पल-पल की तकदीर हो तुम।

    आकाश गंगा जैसी मैं हूँ
    व्योम तुम अनंत हो
    क्षणिक सी हर चाह है
    पर तुम दिक दिगन्त हो।

देह मैं स्थूल हूँ तो
सूक्ष्म इक शरीर हो तुम
भाग्य की चरम सीमा हो
पल-पल की तकदीर हो तुम।

"बहकाती अँखियाँ"

पथ तकती थक जाती अँखियाँ
फिर भी ना भरमाती अँखियाँ।
साजन तेरे आवन की सुन
बहक-बहक बहकाती अँखियाँ।
महक-महक पुष्पों से उठती
दहक-दहक ओठों पे आती
द्वार पर इकटक लगी हुई पर
निर्निमेष रह जाती अँखियाँ।
भौंरों सी जुल्फे अलकों पर
लिपट लिपट जब राग है गाती
आहट थोड़ी सी भी पाकर
फिर चंचल हो जाती अँखियाँ।
पल-पल तक-तक राह तेरी
जब धैर्य की रेखा निकली जाती
हो अधीर विरहा में 'प्रियतम'
बिन सावन बरसाती अँखियाँ।

ऐसे में फिर पवन झकोरें से,
उड़ के तुम जो आ जाते
मन के आवेगों को दबाती
शरमाती हरषाती अँखियाँ।

"मुहब्बत वो राह है"

अश्क बहाने का नाम मुहब्बत 'ना',

अश्कां को अपने चुपचाप पीये जाना है,

खिलखिलाते हुए आँखों को छलकाना

पीके अश्कों को भी लेकिन मुस्कुराना है।

भूले भी गर जो, दिलबर जख्मी ना होना दिल का

भूलने वाले को भी याद किये जाना है

रो-रो के यूँ ना रूसवा दिलवर को करना

हँस-हँस मुहब्बतों के अल्फाज़ कहे जाना है।

तैरना आये भले ना तो डूबना 'दिलवर'

डूबकर दिल में आँखों में नजर आना है

फना हो जाना नहीं नाम मुहब्बत दुर्ग

इश्क तो शह वो है, जो कुदरत का नजराना है

"एक जान एक बदन"

हो पिक से तुम मैं पिकी
चातक तुम में चातकी
शुक हो तुम और मैं शुकी
मृग जो तुम तो मैं मृगी
संज्ञाएँ प्रेम की पड़ती कम
संज्ञा जिसकी ना हो पाये
वो तेरा मेरा नेह प्रियतम।
मेरे अरमान जुड़े तुझसे
है दिल के तारों में सरगम
तुम ताल बनो तो रंग जमें
मेरे जीवन में हो सरगम
ऐ तारक पुंजो के चन्दा
ना टूटे मेरे नेह का भ्रम
रहे जनम-जनम तक साथ मैं हम
और चले नेह का ये ही क्रम।

ख्वाहिश के झूलों में झूलें
मेरे इन नैनों के सपने
सपनों में 'दुर्ग' आशाओं का
और मालिक मेरे तुम साजन।
 उत्साह की दुनिया चारों ओर
 मय रंग तरंग हो बहका अनंग
 तेरी सुरभि से सराबोर हो तेरी
 सजनी का अंग-अंग।
मादकता तेरे परस की जो
हुए अनछुए हो जाये,
है दुआ यही साजन हम-तुम
एक जान बनें और एक बदन।

"हिचकियाँ"

आयें वो कभी याद तो आती है हिचकियाँ
दिल में सनम को मान से लाती है हिचकियाँ।
दिल में हो बेरूखी के चाहे कितने ही गुबार
होठो पे मगर प्यार को लाती है हिचकियाँ।
नैनों में चाहे नींद का नामों निशां न हो
नित सौ-सौ ख्वाब प्रीत के लाती है हिचकियाँ।
सखियों के बीच भूल से जो आये कभी तो
हर एक राज प्रीत के कहती है हिचकियाँ।
सुबह से ही हिचकियाँ जो शुरू हो
साजन की तड़प को भी बताती है हिचकियाँ।
ये हिचकियाँ पैगामें लिफ़ाफा है प्रीतका
संदेशे साजनों के ले जाती है हिचकियाँ।
सोलह की उम्र से शुरू होती जो एक बार
यौवन के फिर ढलान तक आती है हिचकियाँ।
आयें सभी को हिचकियाँ जीवन खुशहाल हो
जीवन में नव रोमाँच को लाती है हिचकियाँ।
आये वो कभी याद तो आती है हिचकियाँ
दिल में सनम को मान से लाती है हिचकियाँ।

"मत दौड़ रें"

अंग-अंग तेरा प्रीत पतंगा

ऊँची उड़ती डोर रे

मैं हूँ तेरा पागल पंछी,

करूँ ना तेरी होड़

मत दौड़ रे मत दौड़ रे।

प्रीत रसन सी रसा तुम्हारी

मधुर स्वरित झक झोर रे

मेरे स्वर दृढ़ता की मूरत

करूँ ना तेरी होड़ रे

मत दौड़ रे मत दौड़ रे।

चमकातीं चन्दा सी अँखियाँ

चाँदनियाँ चहुँ ओर रे

मैं बंदा ध्रुवतारक जैसा

तकुँ लक्ष्य की ओर रे

मत दौड़ रे मत दौड़ रे।

स्वर्ग सेज आलिंगन तेरा

ओष्ठ अमिय सरबारे रे

मैं भ्रमरा हूँ तृषित सदा ही

सुख तृष्णा ही ठौर रे
मत दौड़ रे मत दौड़ रे।

भुजंगिनी सी कटि तुम्हारी
बल खाती चहुँ और है
बन भुजंग लिपटाऊँ तुम से
दिल करता ये जोर रे

मत दौड़ रे मत दौड़ रे।

रति कामिनी तू है अनंगा
चारो ओर ये शोर रे
मैं भी मूरत काम, अनंग की
कर मुझ पर भी गौर रे
मत दौड़ रे मत दौड़ रे।

मिथ्या जग की रीत बावली
मिथ्या ओर व छोर रे
मिथ्या जग की चहार दीवारी
सारे जग को छोड़ रे
मत दौड़ रे मत दौड़ रे।

तू है सरूपा तू है सुगंधा
तू सुरभित गणगौर रे
मैं हूँ तेरा पागल पंछी करूँ ना तेरी होड़ रे
मत दौड़ रे मत दौड़ रे।

"बाहुपाश"

तव सौष्ठव है मदन सरिख सा
अंग अनंग मदमाते हो
बाहुपाश में मुझको प्रियतम
क्यूँ कसते फिर, जाते हो?
अनछुआ कौमारी सा तन
निर्मल उज्जवल उज्जवल सा मन
झाँकते हो जब हिय दर्पण में
अपनी छवि बसाते हो
बाहुपाश में मुझको प्रियतम
क्यूँ कसते फिर, जाते हो?
उजली-उजली मेरी चुनरिया जिस पर
लागी तेरी नजरिया
लपट झपट इस चूनर को तुम
रस रंजित कर जाते हो
बाहुपाश में मुझको प्रियतम
क्यूँ कसते फिर, जाते हो?

नेह का बंधन
____

नाजुक सी है कलैया मोरी

करते हो तुम जोरा जोरी

रख बलात मुझ मुख पर हाथ

मादक चुंबन जड़ जाते हो

बाहुपाश में मुझको प्रियतम

क्यूँ कसते फिर, जाते हो?

तेरा रूप है इक सम्मोहन

भाव विभोर होता मेरा मन।

"मेरे हँस"

बाँध लो नेह बँधन प्रिय हँस

मैं हँसिनी सी विहँसती फिरूँ

और उड़ूँ नीले क्षितिज के

विशाल प्रांगण में कली सी

विकसुँ कुमुद सी प्रसरित रहूँ

प्रकृति के विचित्र आँगन में

कर मध्य कर तुम्हारा स्पर्श तेरा अमिय सा

जीवंत धारा, बन चलूँ मैं प्रेम बरखा सी

बसूनूँ यहाँ विधि के विधान जैसी

सुर सरिता जान्हवी सी चंचला

चपला सी चमकूँ इस गगन से उस-

गगन तक मनीषा की कुंजरि में

गुंजरित हो गान जैसा

तब प्राण मुझ प्राण एक हो इक प्राण जैसा

देखे प्रीत युगल तुझको मुझको

सुखद आह भर ये युगल बन जाये

प्रीत संगी राधा श्याम जैसा।

"तुझपे आँच ना आये"

रब से दुआये, हर पल दिल करे ये,
आँच कभी तुझ पे, पिया ना कोई आये
चारों ओर तेरे रहे बड़ों के आशीष पिया
घेरे रहै सदा तुझे सबकी दुआयें
श्वाँस-श्वाँस मेरी नित प्रभु से होती विनीत
शीश चरणों में धर, फूल अर्पण कर
माँगूँ 'यही' 'मुझे लगें' तेरी सब बलायें
चारों ओर तेरे रहे बड़ों के आशीष पिया
जीवन के पथ पर कदमों को फूक धर
भलाई की ओर चल, मन रहे निश्छल
मैल तेरे दिल में कभी ना कोई आये
शिवालय देवालयों में माथा आस्था से धर
भूल से भी भूल कभी ना तू पिया पाये कर
माँगूँ यही रब से मैं झोली को फैलाये

मेरे सौभाग्य चिह्ण रहे सदा दमकाते
बिंदिया व बिछिया कंगन चूड़ी खनकाते
नित मेरी देह को इसी तरह सजाये।
चारो और तेरे बड़ों के आशीष पिया।
घेरे रहे सदा तुझे सबकी दुआये।

12

"मुझे सुंदर बताते हो"

जीवन को जीने की उष्मा दिये जाते हो
मीठे बोलों से जब, मुझे सुंदर बताते हो।
रूप यौवन में न पहली सी बहार है
अँखियों में जीवन का पुराना ना संचार है।
फिर भी हर बार तुम रंगत ही बताते हो
जीवन को जीने की उष्मा दिये जाते हो।

उलझी-उलझी लटे है माथें पर सिलवटे है
चेहरा बेनूर सा उखड़ा हुआ सुरूर सा है
शरीर में कसावट नही पहली सी बनावट नहीं
फिर भी तुम प्रीत की प्रतिभा ही बताते हो
जीवन को जीने की उष्मा दिये जाते है।

यही तेरा प्यार तो जीवन का सहारा है
बिखरी सी कहानी को तूने ही संवारा है
मेरी भक्ति पूजा का प्रतिफल इक बन के तुम
जीवन में ईश के दर्शन कराते हो

जीवन को जीने की उष्मा दिये जाते हो
मीठे बोलो से जब मुझे सुंदर बताते हो।

13

"आहटें तुम्हारी"

आहटों ने तुम्हारी चौंकाया मुझे,
मिलन की खुशी ने बहकाया मुझे
तेरे बदन को छुकर आयी जो हवाएं
सुरभित पवन ने महकाया मुझे।

आँखों में उतर आया सुरूर जाने कैसा
होने लगा खुद पर गुरूर जाने कैसा
पुण्यों की थी धरोहर कि पाया तुझे।

बेबाक उड़ रही है केशों की ये घटायें
गालों पे भ्रमरों जैसी जाने क्या गुन गुनायें
प्रियतम के संग ने है, बौराया मुझे।

कलियों सी खिल गई है होठो की दोनो पाँखें
ये थिरकने लगी है नर्तन सी दोनो आँखें
राहों की तेरी तकना फिर सिखाया मुझे।

नेह का बंधन
____

आँखों को मूँद लूँ मैं धीरे से तुम यूँ आना
खोलूँ जरा जो पलकें धीरे से मुस्कुराना
रब को पा जाऊँगी मैं जो पाया 'तुझे',
        आहटों ने तुम्हारी चौंकाया मुझे
        मिलन की खुशी ने बहकाया मुझे।

14

"दिल की लहरें"

लहरें सागर में भी यूँ रोज उठा करती है
दिल की लहरों को मगर चैन नहीं होता,

    ज्वार आते है नित पल-पल छिन-छिन यूँ

    फिर भी सागर खुद की साँसों को नही खोता

नीले अंबर की गहरी हुई परछाई
सागर को नया रंग दिये जाती है,

    प्रीत का रंग भी कभी यूँ दिल पर

    चढ़के दिल को कहीं रंगीन किये होता है।

खार सागर की भी यूँ तो जग जाहिर है
प्रीत मेघों की मिसरी सी मिली जाती है
मृदु बूँदों में छलक जाती है प्रियतम की छवि
बूँद-बूँद जग को नयी जान दिये जाती है।

    प्रीत भी गहरी है मेरी सजन सागर सी

    क्रोध की खार विरह भरके मुझे जाती है

    तेरी बातों की मिठास आती है जब याद मुझे

    जिंदगी खुद बखुद ही मीठी हुई जाती है।

लहरें सागर में भी यूँ रोज उठा करती है
दिल की लहरों को मगर चैन नही होता है।

"जो रूठो तुम"

रूठो कभी मुझसे तो आता ना मनाना मुझे
इसिलये तुमसे पहले मैं ही रूठ जाती हूँ
खुद ठन बैठ जाऊँ, मुख को फुनाये पिया,
और मान जान हेतु मान मैं कराती हूँ।
　　तुम प्रीत भरे बोल, बोले चले जाते हो
　　नजरें झुकाये, सब सुने चली जाती हूँ
　　मुख को मरोड़ूं कभी तेवर दिखाऊँ पिया
　　तेरी मनुहार से भीतर हरषाती हूँ।
रूठ के कभी जो छोड़ूँ अन्न जल मैं जो पिया
कौर स्वाद भरे तेरे हाथों से मैं खाती हूँ,
प्रीत में भिगो-भिगो के मुख में जो डाले 'पिया'
अन्न के कवों में भी, मैं नशा इक पाती हूँ।
　　कभी-कभी देर करे जब तू मनाने में तो
　　चोरी-चोरी तुझको मैं देखती ही जाती हूँ
　　कर मेरा मान भंग प्रीत छेड़ अंग-अंग
　　मीठी मनुहार के इशारे किये जाती हूँ।

तू तो समझे है, पिया चाहे क्या है मेरा जिया,
फिर भी नैनों के सजन तीर मैं चलाती हूँ
मुख को मासूम कर मन मज़लूम कर
दर्द दिल वाला सजन चेहरे पे लाती हूँ।
    तू भी फिर हठ छोड़, हाथ पैर जोड़-जोड़
मुझ को मनाये तो मैं झट मान जाती हूँ
मेरा मान रखने को, खुद तेरे झुकने को
मान के सौभाग्य, तुझे दुआ दिये जाती हूँ।

"दिल जहाँ लुभाया था"

कभी चली जाऊँ पिया जब उन वादियों में,
याद आये 'तेरी जहाँ' हाथ मेरा थामा था।
हरी भरी धरती पे यौवन था छाया 'जब',
बन के तू प्रीत मेरी जिंदगी में आया था।

खिल-खिल गई, लज्जा से गढ़ गई थी मैं
जब तूने जिंदगी में साथ मेरा मांगा था,
कैसे कहूँ दिल मेरा संभल ना पाया 'तब'
हाथ को बढ़ा के 'खुद' हाथ मेरा मांगा था।

यौवन का भान हुआ खुद पे गुमान हुआ,
रूप परवान हुआ साथ तेरा पाया था,
चिड़ियों सी फिरती थी फुदक-फुदक मैं तो
रमणी सा कोमल अहसास फिर आया था।

पहली बार हुआ जब देह सुकुमारी को तो
स्वर्ग सा धरा पे आभास मैंने पाया था,
'भय' दिल से सारे दूर हुए जोत पे
सिर पे बना जो तेरा प्रीत भरा साया था।

बल खाती लहराती चपल लता थी मैं तो,

यौवन मेरा तुझ संग गदराया था,

भरी-भरी यौवन की मीठी सी खुमारी हुई,

जब पहली बार मुझे गले से लगाया था।

चाँद सितारें मेरे जीवन में आये सारे

एक पिया तू जो मेरी जिंदगी में आया था,

सुबह लगती बुरी अब हर रोज मुझे

रात-रात जाग तुझे दिल में दोहराया था।

आज वही प्रीत, मेरे जीवन की रीत पिया

देके साथ तूने मेरा जीवन बनाया था,

दिल करें सजदे करूँ मैं वहाँ रोज पिया

जिस जगह पे मैंने तुझको लुभाया था।

"देखों साजन"

देखो सज आया होली का त्यौहार
रंगों के साथ लाया प्रीत की बहार
तुझ छवि के रंग से हुए सुरंग गात,
आलिंगन करे गुलाल, बन के मेरे हाथ
नैनन के तीर चलें चंग बनी वात
ढ़ोल जैसी थाप लिये नेह की बरसात।
तुझ संग जो होली मैं, होली ही होली है
होली के रंग में अनंग मेरे साथ,
बनके मैं रति जैसी जीवन की गति जैसी
नृत्य में विभोर प्रिय मदन मेरे साथ।
गुलाल बन के सजी, तेरे होठों की लालिमा
प्रीत पिचकारी बनी हुई आत्मसात
प्रीत रंग अंग-अंग बना तन ये सुरंग
पुलकित है नैन मेरे हर्षित है गात।

दृग शरमाये से है ओष्ठ भरमाये से है
साजन लें, रंगों की आया बारात
बन के नवोढ़ा जब चूनर को ओढ़ा तब
होली में साजन संग खेला मैंने रास
श्याम बने तुम सजन राधासी मुझ में लगन
प्रीत बनी तेरी मेरी फिर से इतिहास।

"मेरी दोनो अखियाँ"

साजन मेरी दोनों अखियाँ बनना चाहती तेरी सखियाँ
करलो अंगीकार मेरा नेह करो स्वीकार।

एक खुली प्रेमाकांक्षा में

इक लज्जावंश झुक जाती है

एक भाव से भर कर देखे

एक चतुराई कर जाती है

एक सहर्ष मानले तेरी, एक करे तुझसे तकरार
करलो अंगीकार मेरा नेह करो स्वीकार।

एक बरसती एक तरसती

सावन में दोनो ही सरसती

नेत्रालिंगन एक है करती

प्रणय चाहना में इक भरती

एक बसाये छवि तुम्हारी एक दिखाये तुमसे प्यार
करलो अंगीकार मेरा नेह करो स्वीकार

इक तेरे नयनों को पढ़ती

इक मन के भावों को गढ़ती

इक पथ पर तेरे टिक जाती

एक खबर आने की बताती

देख के तुझको फिर भी प्रियतम हो जाती है दोनो चार
करलो अंगीकार मेरा नेह करो स्वीकार।

एक विरह की कहे वेदना

इक करती मीठी मनुहार

इक तो सच्ची प्रीत बताये

एक करे झूठा तिस्कार

इनकी भाषा समझे तू ही ये जोड़े है मन के तार
करलो अंगीकार मेरा नेह करो स्वीकार।

19

"मैं रजनी मदमाती बनकर"

मैं रजनी बदमाती बनकर
तुम प्रियतम बन भोर मिलें,
लालिमा चारों युत अपनी
जीवन के दो छोर मिलें।
शीतल-शीतल बरखा सी
बरसें प्रीत की फुहारें
नैना बन ध्रुव तारक चमके
हो दूर निशा दुख अंधियारे
विरह तमस को क्लिग करें
बन संयोगों की डोर मिलें
लालिमा चारों युत अपनी
जीवन के दो छोर मिलें।
तड़प तमस को छिटका दे
तेरे नैनों के ये सूरज
बन प्रभात की सांझ चलेंहम
उड़ती हो श्वाँसों की रज

महक उठे मन उपवन अपना
मिलन के ऐसे फूल खिलें
लालिमा चारों युत अपनी
जीवन के दो छोर मिलें।

"होली में साजन"

होली में साजन जब तुम होंगे साथ

रंगों की आभा में चमकेंगे गात,

   मुख पे मेरे होंगे जब तेरे नरम हाथ

   मदमस्त होंगे नयन साजन के साथ।

तन मेरा हो विभोर नृत्य करे चारों ओर

गीतों में सरगम की होगी बरसात,

   चुनरी जो सरकेगी अंग-अंग फरकेगा

   थिरकेगा अंग, अनंग लेके आये ज्यों रति की बारात।

शोर होगा चारों ओर प्रीत भरे गीतों का

प्रिय दृष्टि से भरा जब आयेगा वात,

   लेके तेरे तन की गंध आये जब पवन पिया

   नथुनों में भरके तुझे करूँ पीले हाथ।

मानों उठे मेरी डोली

साजन के संग चली

होली के रंगों में,

हो, ली तेरे साथ।

"काली बदरिया"

काली-काली भरी बदरिया दूजे गाँवों जब भी जाना
पिया बसे परदेस मेरा तू प्रेम संदेसा लेती जाना

अखियाँ अश्कों में विरहन की भरी-भरी सी रहती है

जाके मोटी-मोटी बूँदें तू साजन के 'दर' टपकाना।

पिया बिना जो हा हा करें, दिन रैन जिया में होती है,

अपनी घनी गर्जन से जा कर गाँव पिया के कहती जाना।

यौवन की अंगड़ाइयां तोड़े बिना प्रणय के अंग-अंग को

ऐसी ही लौं, लगा प्रीत की, साजन को भी तू तड़पाना।

मुरझायी कलियों सा होता दूर पिया से रहके जो मुख

बिना बरस के कभी गांव में, आस बंधा के तू भी जाना।

वसुन्धरा के साथ मेघ की होती है, जो मधुर क्रियाएं

साजन को भरपूर बरस के, अंग अंगिगत करती जाना।

जाती है जो ओ री बदरिया, 'मधूर' संदेसा लेती जाना

फिर वापस जब घूम के आये मेरा साजन संग ही लाना।

काली-काली भरी बदरिया दूजे गाँवों जब भी जाना

पिया बसे परदेस मेरा, 'तू प्रेम', संदेसा लेती जाना।

"खनके जो चूड़ियाँ"

धीरे से आधी रात में खनकें जो चूड़ियाँ
यादों की तेरे रंग में रंग दे ये चूड़ियाँ।

चूमो जो बार-बार कभी उनको चाह में
वो प्यार का चुंबन किये चमकें ये चूड़ियाँ।

चंदा सा चमकता तू दिल के, आसमान में
गहरी निशा में चाँदनी सी दमकें ये चूड़ियाँ।

ये चूड़ी तेरा प्यार सजन प्रीतका उपहार
सौभाग्य मेरा आती है, बनके ये चूड़ियाँ।

पीली हरी लाल व नारंगी चूड़ियाँ
सपनों में रंग भरती है सतरंगी चूड़ियाँ।

ये चूड़ियाँ है साजन सजनी का एतबार
साजन जो रहे साथ तो सजती है चूड़ियाँ।

लाये थे रंग बिरंगी ये तुम, भरके दोनों हाथ
पहली प्रणय की रात की सौगात चूड़ियाँ।

ये चूड़ियाँ है साजन तेरे मिलन की प्यास
खुशियाँ से भरी जिंदगी की आस चूड़ियाँ।

पहने जो कोई खुद तो आम मिलती है यहाँ
पहनाये जो "पिया" तो होती खास चूड़ियाँ।

पहनूँ जो तेरे सामने प्रीत का है रंग
पहनूँ जो तुझसे दूर तो उपहास चूड़ियाँ।

चूड़ी की खनखनन में तेरे बोलों की खनक
लगती है सूनी-सूनी जो चुपचाप चूड़ियाँ।

मेरी दुआयें ईश से होती यही हर दम
जाऊँ मैं जब जहाँ से तो हो हाथ चूड़ियाँ।

धीरे से आधी रात में खनके जो चूड़ियाँ
यादों के तेरे रंग में रंग दे ये चूड़ियाँ।

"मीठे तेरे बोल"

भरके जो बाहुपाश में तू बोले मीठे बोल

करती हूँ कभी याद जिया जाये डोल।

कर्णो में रस भरे है, तेरी मीठी रागिनी

तू रूप काम हो बनूँ तेरी कामिनी

तू छेड़े कोई तान सजन जब भी प्रीत की

बन जाये वही तान कड़ी मेरे गीत की

श्रृंगार बने मेरे दिल के तेरे ये ही बोल

करती हूँ कभी याद जिया जाये डोल।

बैठूँ कभी एकांत में तो चैन लेते छीन

तड़पूँ उन्हीं पलों मिलन को जैसे जल की मीन

मोती बनूँ मैं आब का बने ये सीप खोल

चेहरे में दमक भरते सजन तेरे ये ही बोल करती हूँ याद।

बैठूँ कभी एकांत में तो चैन लेते छीन

तड़पूँ उन्हीं पलों मिलन को जैसे जल की मीन

अंग-अंग नाच उठे मेरा बन के सर्पिणी

बोलो की बजे मेरा जाती पिया तेरे ऐसी बीन

मोती बनूँ मैं आब का बने ये सीप खोल करती हूँ याद।

हो अंशु प्रथम भोर की या तारों भरी निशा
दिल पे है छाया रहता तेरी प्रीत का नशा
सुरूर बनके छलके है यादों के तेरी जाम
प्रीत भरी बातें में दोहराऊँ सुबह-शाम
मंदिर में जैसे देवता को भक्त पूजता
उससे भी बढ़के पूजूँ पिया तेरे यही बोल
करती हूँ कभी याद जिया जाये डोल।

"तेरे पास आने से"

जब भी मैं पाती तुझे मेरे पास आते हुए
ठंडी-ठंडी आग दिल शुरू कर देता है।
पलकें उठें या गिरें दूर तक तेरे लिये
श्वासों का आवागमन तेज कर देता है।
साँवन की झड़ी हो या तेज धार भादों की
जिया में प्यास मेघ नीर भर देता है।
निकली नहा के कोई रमणी अभी-अभी प्यों
धरनि का रूप ये लावण्य मुझे देता है।
नैन बंद हो के तेरी राह तके जाते है
आहटों में हर कदम चैन हर लेता है।
स्वप्न में हजार पिया देखे चली जाती हूँ
खुली हुई आँखों में यूँ नींद भर देता हूँ।
राह थके तक-तक दिल करें धक-धक
रोम-रोम मिलन की आस भर लेता है।
ले के प्रेम पाश में मुझे चूमों बार-बार
मन ये उमंग की तरंग भर देता है।

घर को बुहारूँ कभी खुद को संवारूँ पिया
तेरी खुशी मेरी खुशी एक कर देता है।
    देख के तुझे तो फिर रहा नही जाये पल
    अजीब सी तड़प यूँ अनंग भर देता है।

"सच्ची प्रीत"

आज सुबह अंगना में मेरे पंछी करें किलोल

इक सजना इक सजनी दोनो बोले मीठे बोल।

मैंने भी कुछ सुनना चाहा अपनी खिड़कियाँ खोल

सुने प्रीत के वचन तो जाना प्रीत बड़ी अनमोल।

पंछी ने पक्षिणी की चोंच से अपनी चोंच मिलाई

बोला मैं मूरत हूँ गर तो तू मेरी परछाई।

पंछिन बोली मेरे प्रियतम तुम तन मन के स्वामी

मैं चेरी तेरे चरणों की तुम हो देवता नामी।

गले लगा कर संगिनी को बोला पक्षीराज

तुम बिन पल ना काट सकूँ मैं खाऊँ कमस आज।

रानी पंछी बोली प्रियतम हम दोनो इक श्वाँस

तुम बिन मेरी मुझ बिन तेरी जीवन की कहाँ आस।

प्रीत का रस जो तुमसे पाया रही ना बाकी प्यास

मेरी जीवन नैया चलती जब तक तुम हो पास।

मैंने तो संयोग के सुख में सारा सुख है पाया

उससे पहले प्राण तजूँगी कहीं वियोग जो आया।

रहा गया ना मुझसे सुन कर मैंने भी फरमाया

भले पंछियों पड़े ना तुम पर कभी वियोग की छाया।

इस दुनिया में तुमसे प्रेमी होते है कुछ खास

इन जोड़ो की चल नही पाती इक दूजे बिन श्वाँस।

प्रीत के साथी जन्म-जन्म तक चलते रहते साथ

पुनः जनमते पुनः जन्म-जन्म है मरते लेके हाथ में हाथ।

"सौ बहाने (गजल)"

सौ बहाने दिल से आप किया करते है
फिर भी यादों में मेरी आह भरा करते है।
		तुम न चाहो जो बताना दिल की मुश्किल को
		देखके हम ये तुम्हे भाँप लिया करते है।
नर्म शीशे सी चुभन बनके कसक उठती है
हाथ सीनों पे सनम आप दिया करते है।
दिल की गहराइयों में कितना है मोहब्बत का चलन
अपनी आँखों ही से हम, माप लिया करते है।
		मेरी मुस्ताखियों में पाते है, जब भी ठंडी जलन
		मुस्कराते हुए मुझे माफ किया करते है।
कितना मुश्किल है, सनम दौर ये जुदाई का
बढ़ती तारीखे देख काँप लिया करते है।
		लोग जीते है, 'जहाँ' में सुकून पाने को
		दिल लुटाने के लिये आप जिया करते है।
सौ बहाने दिल से आप किया करते है
फिर भी यादों में मेरी 'आह' भरा करते है।

27

"प्रीत का बहाना"

छीन के दुपट्टा जब मुझे तुम बिठाते हो जी
पानी-पानी शर्म से ये दिल हुआ जाता है
    अखियाँ शर्म से मेरी झुकी चली जाती है
    और कानों का भी रंग लाल सुर्ख हुआ जाता है।
दे, दो, दे दो, करके जब हाथ को बढ़ाऊँ पिया
बिजली की तरंग मेरा दिल हुआ जाता है
हाथ जब तेरे हाथों में मेरे आ जाये या
अंग कोई तेरे अंग से छुआ जाता है।
    तेरी मुस्कान में शरारतें जो छिपी होती
    देख-देख रंग ये सुरंग हुआ जाता है
    'जाने दे, ना,' मुख से कहूँ झूठमूठ यूँ ही पिया
    दिल तेरे संग को अधीर हुआ जाता है
तेरी शोखियों में दिल करे जब आवा जा ही
यौवन उभार अंग-अंग खिला जाता है
दूर-दूर करूँ मुख से तो अपने में पिया
पास तेरे खुद ही अनंग लिये आता है।

जान जैसे जाता पिया मेरी बेकरारी को तू
आगे हाथ करके दुपट्टा यूँ बढ़ाता है
लेने को कलाई मेरी जब मैं बढ़ाती हूँ तो
खींच के तू मुझे खुद संग लिपटाता है।
कैसे फिर समय बीते क्षण ना रहे ये रीते
अंग-अंग प्रीत की उमंग मर जाता है
धन्य-धन्य कहती पिया मन-मन ओढ़नी को
जिसकी वजह से तुझ संग मिल जाता है।

"जागो प्रियतम"

देखो प्रियतम उधर क्षितिज में दिनकर ने ली अंगड़ाई
निशा प्रिया ने आँखें खोली उनींदी सी अलसाई।

मद्धम-मद्धम सूर्य की लौ से दीप्त हो उठा सारा नभ
भौंरे गुन-गुन गुंजन करते पंछी करें मधुर कलरव
कली-कली फिर लगी विकसने भोर चहकती जो आई
निशा प्रिया ने आँखें खोली उनींदी सी अलसाई।

सुरभित हो गई चहुँ दिशाएँ लगे विहँसने सारे फूल
निर्झर झर-झर बहते दिखते दमक उठा सागर का कूल
कल-कल करती सरिता बहती गंगा की सी तरूणाई
निशा प्रिया ने आँखें खोली उनींदी सी अलसाई।

छोड़ घरौंदे उड़ते पंछी दूर गगन में फैला पंख
नई राह पर चलने को तैयार हुए है सभी निशंक
बीती रात अँधेरी अब उषा नव पथ दिखलाई
निशा प्रिया ने आँखें खोली उनींदी सी अलसाई।

"मेरी आसक्ति"

मेरी आसक्ति रूप धरे चाँद का
तेरे हृदय पटल पर चाँदनी बिखेर दें,
तारों सा तेरा प्यार घेरे मेरे नेह को
सारे संसार में इक रोशनी बिखेर दें।
प्रेम के अहसास से हो सभी सराबोर
भोर बने मीठी साँझ-साँझ हो, सुनहरी भोर
सूर्य जैसी रश्मियाँ बने अपने नेह की
तिमिर भरे नीरदों उजास सी बिखेर दें।
मैं तुम, तुम हो मैं ये अहसास हो
जीवन में हर पल मिलन की ही प्यास हो
एक अहसास सा रहे तेरा मेरा नेह
और दिलों में आस की रश्मियाँ बिखेर दें।
मिलें हम तुम कुछ इस तरह सजन
महक उठे नेह की सुरभि से ये चमन
कली कली खिल उठे, फूल-फूल जाये झूम
हम चमन में प्यार की इक खुशी बिखेर दें।

30

"प्रीत की प्यास"

प्रीत की ये प्यास सजन बुझती ना बुझाये रें

बूँद-बूँद प्रेम बरस अगन इक लगाये रें।

मैं रहूँ खामोश तुझसे कह भी नही पाऊँ कुछ

मुख तो रहे मौन मगर नैन बोल जाये रें।

बूँद-बूँद प्रेम बरस अगन इक लगाये रें॥

तपन रहे जिया में पिया-पिया बोले रें

मौन रहे जीवन जिया खाये हिचकोले रें

बंद कली से ये ओठ दर्द इक छिपाये मगर

एक आह दर्द भरी मुख से निकल जाये रें।

बूँद-बूँद प्रेम बरस अगन इक लगाये रें॥

तू ना जाने प्यार तेरा मेरे दिल का साथी है

तन-मन मेरा दीया प्रीत तेरी बाती है

इक हवा के झोके सी याद छेड़ जाती है

फिरूँ गली-गली नेह सिसकियाँ दबाये रें।

नेह का बंधन

बूँद-बूँद प्रेम बरस अगन इक लगाये रें॥
    मेरे इस जीवन का तू ही सरमाया है
    जहाँ-जहाँ चलूँ तेरी याद मेरा साया है
    दोस्तों में तेरे सिवा और कोई नाम नहीं
    महफिलों में चाहे रहूँ तन्हा ये दिखाये रें।
    बूँद-बूँद प्रेम बरस अगन इक लगाये रें॥

"तू नेह का बन जा मोती"

मैं प्रीत की सीप बनूँ प्रियतम तू नेह का बन जा मोती

मैं सूर्य बनूँ चिर प्रेम का साजन, बन जा मेरी ज्योति।

कोई वादा ना करना मुझसे वादा होता है झूठा

मिलने की करना चाह सजन ये चाह की सच्ची होती,

तू गुल मेरे मन गुलशन का, मैं बुल-बुल बाग की तेरे

तेरे खिलते ही साजन मेरी बात चहकती होती।

रजनीगंधा की गंध बनी तेरे नथुनों में समाऊँ

तेरी श्वाँसों के चलने से मेरी श्वाँस है होती,

तेरे मिलन की चाह लिये पल पल कटता ये जीवन

मिलन की चाह लिये जागूँ और मिलन की चाह ले सोती।

आँखों से ओझल होते ही लंबी जिंदगानी होती।

मैं प्रीत की सीप बनूँ प्रियतम तू नेह का बन जा मोती,

मैं सूर्य बनूँ चिर प्रेम का साजन बन जा मेरी ज्योति।

"आ छू ले पिया"

आ छू ले पिया मुझको बन जाऊँ प्रीत सुवर्ण

दिल में छेड़े तड़पन, तेरी प्रीत की एक छुअन

आँखियों के रस्ते तुम दिल दुर्ग में आ जाओ,

हृदयाम्बर पर मेरे बन तारक छा जाओ।

बरसो मेघों से तुम मेरी प्यासी धरनि पर

हर पल दिल में मेरे बस प्रीत का हो सावन

दिल में छेड़े तड़पन तेरी प्रीत की एक छुअन।

साँसो में मेरी साँसे तेरी आयें जायें

मूरत निर्जीवन में ये जीवन दे जायें

सुरभि हम दोनों के तन की इक हो जायें

और प्रीत के वन में वो बन महके ज्यों चंदन

दिल में छेड़े तड़पन तेरी प्रीत की एक छुअन।

तुम में खोकर प्रियतम, फिर विलग ना होऊँ मैं,

तुझ संग सुबह जागूँ और रात को सोऊँ मैं

स्पर्श का सुख हर क्षण पाता रहे मेरा मन

तेरे छून से ही पावन है मेरा तन

आ छूले पिया मुझको बन जाऊँ प्रीत सुवर्ण।

"चमकती बिजलियाँ"

चमकती बिजलियाँ जिया में लशकारें लाये रें

बरसती बूँदे साजन मुझको तेरी याद दिलाये रें।

घनन-घनन घन गरजें मेघा

छनन छनन छन बरसें मेघा

हरियाती ये धरा मेरा दिल सूखा जाये रें।

लशकारे दामिनी के देखो नृत्य करे है था था थैया

धम धम धम धन साज बजाये मृदंग जैसे मेघ बजैया

नृत्य करे है बिजुरिया मन हिचकोले खाये रें

बरसती बूँदे साजन मुझको तेरी याद दिलाये रें।

"आया सावन"

काले-काले मेघा छाये नभ की आँखयों में बन अंजन
धरनि ओढ़े हरी चुनरिया यूँ मदमाता आया सावन,
कल-कल करते बहते निर्झर उधर विहँसता सुमन-सुमन
प्रीत की अंगड़ाईयों में डूबा, आज हर इक रमणी का यौवन।

पिऊ-पिऊ की ध्वनि सुनाती मोर नाचता आँगन-आँगन
कुहु-कुहु की ध्वनि मधुर से पिकी करे मल्हार का गायन,
बागों में फूलों की रूत है, हर रूख पे झूलों की रूत है
पिया बसे परदेस पर अखियाँ तकती जैसे आये साजन।

सूरज डूबा राग रंग में करता क्रीड़ा मेघ संग में
कभी सरसता मन बरसता कभी किन्ही नयनों का अंजन,
शरमाई-शरमाई फिरती हर तरूणी भरमाये यौवन
इठलाती इतराती रूत संग सज धज गुप चुप देखे दर्पण।

संग बसे है जिसका प्रियतम होता नित है प्रणय आलिंगन
पिया गये परदेस लोटती सेज पे बन के नागिन विरहन,
न श्रृंगार की सुध है, उसको न सरसाता बरसता सावन
ठंडी पुहारों में जलता तिल-तिल और तड़पता यौवन।

अलसाये से नैन मलिन मुख उलझे केश और शाँत है चितवन
रंगीले मौसम में वैरागी हो गई देखो आज ये विरहन,
प्रिय मेघ से मिले जो धरनि बरसाये है, तब-तब सावन
मिलन का ऐसा मौसम बनता कि भड़काये प्रेम अगन।
मिलन की इस प्यारी सी रूत में करे चाहना मेरा मन,
जब-जब सावन बरसे हर सजनी के संग रहे साजन।

35

"तेरा प्यार"

स्वार्थ भरी इस बस्ती में
निस्वारथ बस तेरा प्यार,
    जीवन कैसे चुका पायेगा
    तेरे प्यार का ये उधार।
बंद नयनों में अभिराम तू
खुले नयन में साक्षात्कार,
    दुनिया भर के बोझिल क्षण है
    परन सरल है तेरा प्यार।
भर जाये कुंठाये जब भी
अपनां की बस्ती में दिलवर,
    बरस पड़ूँ मैं तुझ पर अकिंचन
    क्षमाप्रार्थी तेरा प्यार।
बैरागी होती दुनिया से
जब भी दिल की ये गलियाँ,
    निर्जन में समरसता भरता
    निश्छल निर्झर ये अनुराग।
उत्थानों पतनों के दिन भर
भाव भरें कितने ही डग,

किन्तु स्थिर और सतत प्रभावी
अचल अटल ये तेरा प्यार।
मैं रूठूँ बेबात तुझी से
तू करता हर पल मनुहार,
श्वाँस-श्वाँस और रोम-रोम में
रहे प्रवाही तेरा प्यार।
मैं माँगूं हर पल भगवन से
हों नैन बंद जब अंतिम बार,
बंद होने से पहले अखियाँ
देखे तेरा ये ही प्यार।

"चूमा जब तूने"

ले के आलिंगन में मुझको

जब चूमा तूने मुख को,

धरा पे मानो स्वर्ग हो उतरा

मैं पा गई ऐसे सुख को।

आँखियों ने रंगीनी भरकर

ऐसे देखा फिर तुझको,

बाँहों के घेरे में कसके

लगे भींचने तुम मुझको।

बिंदियाँ माथे से विलग जब

तुझ सीने से चिपक गई,

बाली खुल कर कर्णस्थल से

केशों में ही लटक गई।

कजरारें नैनों का कजरा मुख पर

ऐसे बिखर गया,

मानों कहता था कि लगे ना

नजर कहीं तेरे मुख को।

चुंबन के आवेग में साजन

होठों की सुर्खी बदली,

लगी मेरे होठों की लाली
संग चुंबन के तुझ लबको।
　जब देखा तेरा ये चेहरा
　लगा कि मैं तुझमें खो गई,
तेरे मुख ने भी अपनाया
प्रेम सहित मेरे मुख को।
　सजनी सा साजन दिखता जब
　रास श्याम का याद आया,
राधा के संग श्याम ने भी तो
कभी सहा था इस सुख को।
　तेरे होठो की लाली में
　जब खुद की लाली देखी
　अखियाँ खुशियों से छलकी
　मैं लगी चूमने तुझ मुखको।

"बंधन"

जब खिलता ना होगा यौवन

ना ही झलके तरल लड़कपन

अल्हड़ता छूकर ना जाये

नैना भी जब ना भरमाये।

बोलो प्रिय ये बंधन प्रीत का

फिर भी होगा अब जैसा

जाने होगा तब कैसा?

बाँहें गरमाती ना होगी

आँखें शरमाती ना होगी

गदराता यौवन ना होगा

मदमाता आलस ना होगा

बोलो प्रिय ये प्रीत का निर्झर सदा बहेगा फिर ऐसे

जाने होगा तब कैसा?

बातों में रस भरता ना हो

ख्वाबों में चंचलता ना हो

मंजिल कोई बाकी ना जब

पथ की आँखें प्यासी ना तब
अपने निर्बल साथी का प्रिय ख्याल रखोगे
तब ऐसा जाने होगा तब कैसा?
चिंतित सुन फिर वचन प्रिया के
खोल के अपने नयन पिया के
बोला बंधन नित-नित बढ़ता
प्रीत आयाम वो नये है गढ़ता
नश्वर तन की चाह से बढ़कर आत्मा का बंधन कैसा
बाँधूँगा तुझ संग ऐसा
होगा प्यार सदा ऐसा।

38

"हिना रचे हाथों में"

हिना रचे हाथों में देखूँ प्रियतम तेरा पहला प्यार

प्रथम मिलन की यादें लाता हर दिन हर पल ये सिंगार।

प्रणय की वेला में जब तूने सरकायी चूनर मेरी

शीश का टीका ढलकाया चूमा माथे को बारम्बार

प्रथम मिलन की यादे लाता हर दिन हर पल ये सिंगार।

अग्रिम चुंबन जब होठों पर आसक्ति से भरा दिया

लाली मेरे होठों की होठों का बनी सिंगार

प्रथम मिलन की यादे लाता हर दिन हर पल ये सिंगार।

कानों के झूमर बजते जब आलिंगन की बेला में

खोल दिये कर्णा आभूषण और खोला था जब नौलखाहार,

मंगल के उस सूत्र को चूमके तूने प्रियतम छोड़ दिया

सौभाग्य की सीमा रेखा होने ना दी तूने पार।

अंगिया के सब बंधन खोले केशों की जुड़ी खोली

लटों में मेरी उलझ के तूने मुख को फिराया बारम्बार,

कमर की करधनी कमरिया से आप ही छूटी जाती थी

जब तूने आलिंगन में ले मुझे पहनाया स्नेहिलहार।

सब श्रृंगारों रहित हुई मैं तेरे प्रीत के रंग रंगी

तेरी प्रीत का रंग समय, बनके हिना में इक उपहार,

सखियों ने लाली देखी जब रचे रचाये हाथों की
प्रीत की गहराई में जाना तेरा मेरा कितना प्यार।
    वहीं हिना जब-जब हाथों में मैं रचाने लगती है
    उन्हीं क्षणों में प्रथम मिलन की प्रीत जगाता ये सिंगार।